Mi biblioteca de ciencias

¿Sólido o líquido?

Amy S. Hansen

Editora científica:
Kristi Lew

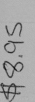

Rourke
Educational Media

rourkeeducationalmedia.com

Scan for Related Titles
and Teacher Resources

Editora científica: Kristi Lew
Antigua maestra de escuela secundaria con una formación en bioquímica y más de 10 años de experiencia en laboratorios de citogenética, Kristi Lew se especializa en hacer que la información científica compleja resulte divertida e interesante, tanto para los científicos como para los no científicos. Es autora de más de 20 libros de ciencia para niños y maestros.

© 2012 Rourke Educational Media

www.rourkeeducationalmedia.com

Photo credits:
Cover © justin maresch; Cover logo frog © Eric Pohl, test tube © Sergey Lazarev; Page 3 © nikkytok; Page 5 © Voronin76; Page 7 © oku; Page 9 © travis manley; Page 11 © Valentyn Volkov; Page 13 © Suzanne Tucker; Page 15 © Studio Foxy; Page 17 © Sinisa Botas; Page 19 © Darren Brode; Page 20 © Thomas M Perkins; Page 22 © Sinisa Botas, travis manley, oku; Page 23 © Valentyn Volkov, Studio Foxy, Darren Brode

Editora: Kelli Hicks

Cubierta y diseño de página de Nicola Stratford, bdpublishing.com
Traducido por Yanitzia Canetti
Edición y producción de la versión en español de Cambridge BrickHouse, Inc.

Library of Congress Cataloging-in-Publication Data

Hansen, Amy.
¿Sólido o líquido? / Amy S. Hansen.
  p. cm. -- (Mi biblioteca de ciencias)
Includes bibliographical references and index.
ISBN 978-1-61741-726-9 (Hard cover) (alk. paper)
ISBN 978-1-61741-928-7 (Soft cover)
ISBN 978-1-61236-903-7 (Soft cover - Spanish)
1. Solids--Juvenile literature. 2. Liquids--Juvenile literature. 3. Matter--Properties--Juvenile literature. I. Title.
QC176.3.H36 2011
531--dc22
                            2011938848

Also Available as:
ROURKE'S
e-Books

Rourke Educational Media
Printed in the United States of America,
North Mankato, Minnesota

Rourke
Educational Media

rourkeeducationalmedia.com

customerservice@rourkeeducationalmedia.com • PO Box 643328 Vero Beach, Florida 32964

Abre el grifo.

El agua sale por el grifo. El agua es un **líquido**.

5

Los líquidos fluyen.
Los líquidos no pueden
conservar una **forma**.

Los líquidos necesitan un **contenedor**.

Vierte leche en un vaso.
La leche es un líquido.

Siéntate. Tu silla es dura.
Es un **sólido**.

Los sólidos conservan su propia forma. No fluyen.

15

Tú puedes **romper** algo sólido. Cada pedazo conserva su forma.

Observa la galletita.
Tú puedes romperla.
Cada pedazo conserva
su forma.

Mi galletita es sólida. ¡Y me la he comido casi toda!

1. ¿Cuáles fluyen, los líquidos o los sólidos?

2. ¿Cuáles puedes romper, los líquidos o los sólidos?

3. ¿Es tu cuchara un líquido o un sólido?

Glosario ilustrado

contenedor:
Un objeto, como una taza, una botella o una caja que contiene algo más.

forma:
Figura que tiene un objeto.

líquido:
Sustancia que se vierte fácilmente.

romper:
Hacer que algo se quiebre o se parta en pedazos.

sólido:
Objeto duro. No es un líquido ni un gas.

verter:
Acción de hacer que un líquido fluya libremente, usualmente de un contenedor a otro.

Índice

Sitios en la Internet

www.strangematterexhibit.com/

www.surfnetkids.com/glacier.htm

www.pbskids.org/zoom/activities/sci/

Acerca de la autora

Amy S. Hansen es una escritora de ciencia que todavía disfruta al experimentar con sólidos y líquidos, como hacer burbujas con polvo de hornear y vinagre. Ella escribe sobre los misterios de la ciencia y vive en el área de Washington, D.C., con su esposo, sus dos niños y sus dos gatos.

Meet The Author!
www.meetREMauthors.com